The Troll Who Loved to Sing: Bilingual Norwegian-English Stories for Children

Pomme Bilingual

Published by Pomme Bilingual, 2024.

THE TROLL WHO LOVED TO SING: BILINGUAL NORWEGIAN-ENGLISH STORIES FOR CHILDREN

First edition. November 13, 2024.

ISBN: 979-8230596431

Written by Pomme Bilingual.

Table of Contents

Den Minste Vikingen 1

The Smallest Viking... 3

Trollet Som Elsket å Synge 5

The Troll Who Loved to Sing 7

Kaptein Sky og Den Rampete Måken 9

Captain Sky and the Mischievous Seagull................ 11

Bestemors Hemmelige Liv 15

Grandma's Secret Life 19

Astrid og Det Vennlige Spøkelset 23

Astrid and the Friendly Ghost 25

Bjørnen som Bakte Brød 29

The Bear Who Baked Bread 31

Jenta som Snakket med Stjernene........................ 35

The Girl Who Talked to the Stars 37

Gåten om Elvetrollet 39

The Riddle of the River Troll.......................... 41

Måneskinnsmaleren.. 43

The Moonlight Painter 45

Det Modige Lille Ekornet 49

The Brave Little Squirrel 51

Det Snakkende Treet 53

The Talking Tree 57

Den Minste Vikingen

I en liten vikinglandsby ved havet bodde Lars, en vikinggutt som var mindre enn alle de andre. Mens andre vikinger hadde brede skuldre, sterke armer og tunge hjelmer, hadde Lars en lett fjærhjelm og en kropp som var rask, men liten. Fordi han var så liten, tenkte de andre at han ikke kunne gjøre noe viktig.

"Lars, det er best du holder deg unna," sa de eldre vikingene når de dro ut på jakt eller bygde store skip.

Men Lars var ikke som de trodde. Han var klok og hadde et stort hjerte, selv om kroppen hans var liten. Han så ting som de andre vikingene overså, og han hørte ting som de ikke la merke til. Noen ganger hørte han vinden viske hemmeligheter, og han forstod bølgene bedre enn noen annen.

En dag kom en mørk sky sigende over fjellene. Vinden begynte å ule, og bølgene ble store og truende. Det var den verste stormen landsbyen noen gang hadde sett. Regnet pisket, og vinden blåste så sterkt at husene nesten veltet.

De store, sterke vikingene sprang rundt i panikk. "Hva skal vi gjøre?" ropte de til hverandre. "Stormen vil ødelegge alt!"

Lars sto midt i landsbyen og så på kaoset. Han tenkte fort og kom på en plan. "Vi må sikre husene våre! Hvis vi bruker tau og steiner for å holde dem nede, vil stormen ikke kunne flytte dem," ropte han.

De andre vikingene stirret på ham. "Hva kan du vite om stormer, lille Lars?" sa en av de eldste med et skeptisk blikk.

Men Lars holdt seg rolig og forklarte hvordan de kunne knytte tau rundt husene og feste dem til store steiner. Til slutt, da stormen ble verre, begynte de å lytte til ham.

Alle i landsbyen jobbet sammen. Lars viste dem hvordan de kunne binde tauene riktig, og selv om han var liten, klatret han lett opp på takene for å knytte knuter der de trengtes mest.

Da stormen raste for fullt, sto landsbyen sterkt. Husene vippet og svaiet, men de holdt seg på plass. Takket være Lars sin plan overlevde landsbyen stormen uten store skader.

Neste morgen skinte solen, og landsbyen sto der like hel. De store vikingene samlet seg rundt Lars og så på ham med nye øyne.

"Vi undervurderte deg, Lars," sa en av de eldste med respekt i stemmen. "Selv den minste kan være den sterkeste når han bruker hodet."

Fra den dagen ble Lars aldri sett på som liten eller ubetydelig. I stedet ble han kjent som den kloke vikingen, den som reddet landsbyen fra stormen.

Og Lars? Han smilte bare, glad for at han hadde vist alle at selv de minste kan være de modigste.

The Smallest Viking

In a small Viking village by the sea, there lived Lars, a Viking boy who was smaller than all the others. While the other Vikings had broad shoulders, strong arms, and heavy helmets, Lars wore a light feathered helmet and had a body that was fast but small. Because he was so small, the others thought he couldn't do anything important.

"Lars, it's best if you stay out of the way," the older Vikings would say when they went hunting or built large ships.

But Lars was not like they thought. He was clever and had a big heart, even though his body was small. He saw things that the other Vikings overlooked, and he heard things that they didn't notice. Sometimes he heard the wind whispering secrets, and he understood the waves better than anyone else.

One day, a dark cloud rolled over the mountains. The wind began to howl, and the waves grew large and threatening. It was the worst storm the village had ever seen. The rain lashed, and the wind blew so fiercely that the houses nearly toppled over.

The big, strong Vikings ran around in panic. "What do we do?" they shouted to each other. "The storm will destroy everything!"

Lars stood in the middle of the village and watched the chaos. He thought quickly and came up with a plan. "We need to secure our houses! If we use ropes and stones to hold them down, the storm won't be able to move them," he called out.

The other Vikings stared at him. "What do you know about storms, little Lars?" said one of the oldest with a skeptical look.

But Lars stayed calm and explained how they could tie ropes around the houses and anchor them with large stones. Finally, as the storm grew worse, they began to listen to him.

Everyone in the village worked together. Lars showed them how to tie the ropes properly, and even though he was small, he easily climbed onto the rooftops to tie knots where they were needed most.

As the storm raged on, the village stood strong. The houses tipped and swayed, but they stayed in place. Thanks to Lars' plan, the village survived the storm without major damage.

The next morning, the sun shone, and the village stood intact. The big Vikings gathered around Lars and looked at him with new respect.

"We underestimated you, Lars," said one of the oldest, his voice full of respect. "Even the smallest can be the strongest when they use their head."

From that day on, Lars was never seen as small or insignificant. Instead, he became known as the wise Viking, the one who saved the village from the storm.

And Lars? He just smiled, happy to have shown everyone that even the smallest can be the bravest.

Trollet Som Elsket å Synge

Det var en gang et ungt troll ved navn Tuva som bodde dypt inne i den mørke, tette skogen. Alle visste at troll skulle være store, skumle og stille. De gryntet og brummet, trampet og lurte, men de sang aldri. Ingen troll sang – bortsett fra Tuva.

Tuva hadde en stemme som en skinnende bekk som rislet gjennom skogen. Hennes sang kunne få stjernene til å blinke og månen til å lyse sterkere. Men hun sang bare når hun var alene, for hun visste at trollene ikke ville forstå. De ville le av henne eller bli sinte, for troll skal ikke synge.

Hver kveld snek hun seg ned til bekken, hvor ingen andre kunne høre henne. Der satte hun seg på en stor stein og lot stemmen sveve gjennom trærne. Sangen hennes fylte luften med en myk, vakker melodi som danset mellom grenene.

En kveld da hun sang ved bekken, hørte hun en svak, liten stemme som ropte: "Hei! Hvem er det som synger så vakkert?"

Tuva skvatt og gjemte seg bak steinen. Men stemmen tilhørte bare et lite menneskebarn. Det var en gutt, kanskje fem år gammel, med store øyne som glinset i måneskinnet.

"Ikke vær redd," sa gutten. "Jeg heter Ola, og jeg har aldri hørt noe så fint før! Kan du synge mer?"

Tuva så nølende på ham, usikker på om hun skulle våge å synge foran et menneske. Men det var noe i guttens øyne – en slags varme og glede – som gjorde at hun følte seg trygg. Så hun trakk pusten og begynte å synge, mykt og forsiktig, mens Ola lyttet med et stort smil.

Da hun var ferdig, klappet Ola i hendene og ropte, "Du er fantastisk, Tuva! Jeg visste ikke at troll kunne synge!"

"Det kan de heller ikke," mumlet Tuva, og så ned i bakken. "De tror det er dumt å synge. De sier at troll skal være stille og skumle."

Ola ristet på hodet. "Det er ikke sant. Jeg synes du er spesiel! Du har en gave, og det er helt greit å være annerledes."

Disse ordene fylte Tuva med en varme hun aldri hadde følt før. Kanskje, tenkte hun, var det ikke så ille å være annerledes. Kanskje det til og med var noe bra.

Fra den dagen sluttet Tuva å gjemme seg når hun sang. Hun begynte å synge mer åpent, og flere i skogen, både dyr og troll, hørte henne. Noen av trollene var forbløffet. "Er det virkelig Tuva?" hvisket de til hverandre.

Men til Tuvas overraskelse ble de ikke sinte. De lyttet. Og etter hvert begynte de å sette pris på hennes vakre stemme. De begynte til og med å rope: "Syng for oss, Tuva!"

Tuva lærte trollene at det var greit å være annerledes, og at selv et troll kunne ha en stemme verdt å høre. Fra da av var Tuva ikke bare et troll, men trollet som sang, og hele skogen visste at det var noe helt spesielt.

The Troll Who Loved to Sing

Once upon a time, there was a young troll named Tuva who lived deep in the dark, dense forest. Everyone knew that trolls were supposed to be big, scary, and silent. They grunted and growled, stomped and sneaked, but they never sang. No trolls sang—except for Tuva.

Tuva had a voice like a sparkling stream that trickled through the forest. Her song could make the stars twinkle and the moon shine brighter. But she only sang when she was alone, because she knew that the other trolls wouldn't understand. They would laugh at her or get angry, because trolls aren't supposed to sing.

Every evening, she sneaked down to the stream, where no one else could hear her. There, she would sit on a large rock and let her voice drift through the trees. Her song filled the air with a soft, beautiful melody that danced between the branches.

One evening, while she was singing by the stream, she heard a faint, small voice calling, "Hey! Who is singing so beautifully?"

Tuva jumped and hid behind the rock. But the voice belonged to a small human child. It was a boy, maybe five years old, with large eyes that sparkled in the moonlight.

"Don't be afraid," the boy said. "My name is Ola, and I've never heard anything so beautiful before! Can you sing more?"

Tuva looked at him hesitantly, unsure if she should dare to sing in front of a human. But there was something in the boy's eyes—a kind of warmth and joy—that made her feel safe. So she took a deep breath and began to sing, softly and gently, while Ola listened with a big smile.

When she finished, Ola clapped his hands and shouted, "You're amazing, Tuva! I didn't know trolls could sing!"

"They can't," Tuva muttered, looking down at the ground. "They think it's silly to sing. They say trolls should be quiet and scary."

Ola shook his head. "That's not true. I think you're special! You have a gift, and it's okay to be different."

These words filled Tuva with a warmth she had never felt before. Maybe, she thought, it wasn't so bad to be different. Maybe it was even something good.

From that day on, Tuva stopped hiding when she sang. She began to sing more openly, and more creatures in the forest, both animals and trolls, heard her. Some of the trolls were amazed. "Is that really Tuva?" they whispered to each other.

But to Tuva's surprise, they didn't get angry. They listened. And over time, they began to appreciate her beautiful voice. They even started shouting, "Sing for us, Tuva!"

Tuva taught the trolls that it was okay to be different, and that even a troll could have a voice worth hearing. From then on, Tuva wasn't just any troll—she was the troll who sang, and the whole forest knew that she was something truly special.

Kaptein Sky og Den Rampete Måken

Langt ute på havet, i et lite, skranglete skip som het Vindens Venn, seilte Kaptein Sky. Han var en vennlig, litt glemsom kaptein med et stort hvitt skjegg og en enda større kapteinslue som alltid satt på snei. Ved hans side fløy hans trofaste, men rampete venn – en måke ved navn Skratt. Skratt hadde et glimt i øyet og elsket å spille små sprø streker på Kaptein Sky.

En solrik morgen, da bølgene rullet rolig og skipet seilte jevnt, bestemte Skratt seg for å leke en ny spøk. Han fløy ned og nappet til kapteinens lue så den nesten falt av. "Ha-ha-ha!" skrattet Skratt og sirklet over Kaptein Sky.

"Åh, du rampete måke!" ropte Kaptein Sky og ristet på hodet. Men han kunne ikke la være å smile. Skratt var kanskje rampete, men han var også kapteinens beste venn.

Men så, mens de seilte videre, møtte de sitt første problem. "Å nei!" utbrøt Kaptein Sky da han så opp på seilet. "Vi har et hull i seilet! Hvordan skal vi komme oss fremover nå?"

Skratt klødde seg på hodet med vingen, og så fikk han en idé. Han fløy ned i skipet og fant en gammel, fargerik klut. "Skviiik! Se her, Kaptein!" sa Skratt og viftet med kluten i nebbet.

Kaptein Sky smilte bredt. "Skratt, du er et geni!" sa han, og sammen sydde de kluten over hullet. Seilet blafret i vinden, nå med en liten fargerik lapp som lyste opp hele skipet.

Men så, etter noen timer, kom de til sitt neste problem. En svær bølge hadde skyllet over dekk og tatt med seg kartet! "Å nei, nå har vi ikke kartet vårt!" sa Kaptein Sky fortvilet.

Skratt fløy høyt opp i luften og speidet utover havet. "Skviiik! Jeg kan se land der borte!" ropte han og pekte med vingene. Med Skratt som veiviser seilte de mot land, og snart var de tilbake på riktig kurs.

Men problemene stoppet ikke der. Like før de nådde havnen, gikk skipets anker fast i bunnen. Kaptein Sky prøvde å dra det opp, men det satt bom fast. "Hva skal vi gjøre nå?" stønnet han.

Skratt fløy ned til vannet og dykket, noe han vanligvis ikke gjorde. Med sitt skarpe nebb pirket han på kjettingen, og etter noen sekunder løsnet ankeret. "Skviiik! Nå er vi fri!" skrattet han, og de to vennene kunne endelig seile inn i havnen.

Da de endelig la til kai, lo Kaptein Sky og klappet Skratt vennlig på hodet. "Takk, Skratt. Jeg vet ikke hva jeg skulle gjort uten deg og dine sprø påfunn."

Skratt skrattet stolt og nappet til kapteinens lue én siste gang. "Skviiik! Vi er et superteam, kaptein!"

Og slik seilte Kaptein Sky og den rampete Skratt videre, klare for nye eventyr – og flere sprø påfunn – med hodene fulle av kreative løsninger og hjertene fulle av vennskap.

Captain Sky and the Mischievous Seagull

Far out at sea, aboard a small, rickety ship called Friend of the Wind, sailed Captain Sky. He was a friendly, somewhat forgetful captain with a big white beard and an even bigger captain's hat that was always tilted to one side. By his side flew his loyal, yet mischievous, friend – a seagull named Squawk. Squawk had a twinkle in his eye and loved to play little pranks on Captain Sky.

One sunny morning, as the waves rolled gently and the ship sailed smoothly, Squawk decided to play a new trick. He flew down and tugged at the captain's hat, almost making it fall off. "Ha-ha-ha!" Squawk laughed as he circled above Captain Sky.

"Oh, you mischievous seagull!" Captain Sky shouted, shaking his head. But he couldn't help but smile. Squawk might be naughty, but he was also the captain's best friend.

But then, as they sailed on, they encountered their first problem. "Oh no!" Captain Sky exclaimed as he looked up at the sail. "We've got a hole in the sail! How are we going to move forward now?"

Squawk scratched his head with his wing, then had an idea. He flew down into the ship and found an old, colorful cloth. "Squeak! Look here, Captain!" Squawk said, waving the cloth in his beak.

Captain Sky beamed. "Squawk, you're a genius!" he said, and together they sewed the cloth over the hole. The sail flapped in the wind, now with a little colorful patch that brightened up the whole ship.

But then, after a few hours, they ran into their next problem. A huge wave had splashed over the deck and carried away their map! "Oh no, now we don't have our map!" Captain Sky said desperately.

Squawk flew high into the air and scanned the horizon. "Squeak! I see land over there!" he called, pointing with his wings. With Squawk as their guide, they sailed toward land, and soon they were back on the right course.

But the problems didn't stop there. Just before they reached the harbor, the ship's anchor got stuck on the bottom. Captain Sky tried to pull it up, but it was stuck fast. "What are we going to do now?" he groaned.

Squawk flew down to the water and dived in, something he didn't usually do. With his sharp beak, he poked at the chain, and after a few seconds, the anchor came loose. "Squeak! Now we're free!" he laughed, and the two friends could finally sail into the harbor.

When they finally docked, Captain Sky laughed and gave Squawk a friendly pat on the head. "Thank you, Squawk. I don't know what I'd do without you and your silly tricks."

Squawk laughed proudly and tugged at the captain's hat one last time. "Squeak! We're a super team, captain!"

And so, Captain Sky and the mischievous Squawk sailed on, ready for new adventures – and more silly pranks – with heads full of creative solutions and hearts full of friendship.

13

Bestemors Hemmelige Liv

Erik hadde alltid tenkt på bestemoren sin som en stille, snill gammel dame. Hun bodde i et lite, koselig hus med roser i hagen og en katt som alltid lå på fanget hennes. Bestemor bakte de beste kanelbollene og fortalte historier om da pappa var liten, men Erik hadde aldri hørt noe spesielt spennende fra henne. For ham var bestemor bare bestemor – til den kvelden hun avslørte sitt hemmelige liv.

Det var en regnfull kveld, og lynene blinket utenfor vinduet. Bestemor satt i gyngestolen sin med et mystisk smil på leppene, og Erik følte at det var noe annerledes med henne.

"Bestemor," begynte Erik forsiktig, "hva gjorde du egentlig da du var ung?"

Bestemor smilte lurt og lente seg nærmere. "Tror du jeg alltid har vært en rolig, gammel dame som sitter her og strikker?" lo hun lavt.

Erik nikket, og bestemor lo enda høyere. "Å nei, min kjære Erik. Jeg har opplevd eventyr du knapt kan forestille deg."

Erik satt helt stille, nysgjerrig. Bestemor begynte å fortelle, og ordene hennes malte bilder så levende at han nesten kunne se dem for seg.

"Da jeg var ung, reiste jeg verden rundt. Jeg klatret opp fjell som rørte skyene, seilte over de dypeste havene og oppdaget skjulte øyer. Jeg møtte skapninger du bare finner i eventyrbøker – små gnistrende feer i en lysning, en snakkende rev i en mørk skog, og til og med en drage som voktet en skjult skatt."

Erik gispet. "En drage?"

Bestemor nikket, øynene hennes skinte av minner. "Ja, og den dragen, vet du, var slett ikke skummel. Den var ensom og ville bare ha en venn. Så jeg delte litt av nisten min med den, og som takk viste den meg veien til en hule full av glitrende skatter – gull, juveler og perler som lyste som stjerner."

Erik så på bestemoren sin med store øyne. Han kunne nesten ikke tro at denne damen, som strikket og luktet av lavendel, hadde møtt en drage!

"Men hvorfor har du aldri fortalt meg dette før, bestemor?" spurte han.

Bestemor smilte lurt. "Noen hemmeligheter må man holde på til det rette øyeblikket. Men nå som du er gammel nok til å forstå, vil jeg dele historiene mine med deg."

Hun bøyde seg frem og hvisket lavt, som om hun røpte en stor hemmelighet. "Det viktigste i livet, Erik, er å være nysgjerrig. Å lete etter magi i verden rundt deg. Når du er nysgjerrig, åpner det dører til nye eventyr."

Erik følte en bølge av spenning i hele kroppen. Han visste at fra nå av ville han alltid lytte nøye til de små detaljene i bestemors historier, og at han også ville lete etter sine egne eventyr.

Den kvelden gikk Erik til sengs med hodet fylt av bilder av magiske skapninger og skjulte skatter. Han hadde lært at bak selv de mest vanlige tingene kunne det skjule seg store hemmeligheter – og at hans egen bestemor kanskje var den største hemmeligheten av alle.

Grandma's Secret Life

E rik had always thought of his grandmother as a quiet, kind old lady. She lived in a small, cozy house with roses in the garden and a cat that always sat on her lap. Grandmother baked the best cinnamon buns and told stories about when his dad was little, but Erik had never heard anything particularly exciting from her. To him, Grandmother was just Grandmother – until that evening when she revealed her secret life.

It was a rainy evening, and lightning flashed outside the window. Grandmother sat in her rocking chair with a mysterious smile on her lips, and Erik felt that something was different about her.

"Grandmother," Erik began carefully, "what did you actually do when you were young?"

Grandmother smiled slyly and leaned closer. "Do you think I've always been a calm, old lady sitting here knitting?" she laughed softly.

Erik nodded, and Grandmother laughed even louder. "Oh no, my dear Erik. I've had adventures you can hardly imagine."

Erik sat completely still, curious. Grandmother began to tell, and her words painted pictures so vivid that he could almost see them in his mind.

"When I was young, I traveled the world. I climbed mountains that touched the clouds, sailed across the deepest seas, and discovered hidden islands. I met creatures you only find in storybooks – tiny sparkling fairies in a clearing, a talking fox in a dark forest, and even a dragon that guarded a hidden treasure."

Erik gasped. "A dragon?"

Grandmother nodded, her eyes shining with memories. "Yes, and that dragon, you know, was not scary at all. It was lonely and just wanted a friend. So, I shared some of my food with it, and in return, it showed me the way to a cave full of glittering treasures – gold, jewels, and pearls that shone like stars."

Erik stared at his grandmother with wide eyes. He could hardly believe that this lady, who knitted and smelled of lavender, had met a dragon!

"But why have you never told me this before, Grandmother?" he asked.

Grandmother smiled slyly. "Some secrets are meant to be kept until the right moment. But now that you're old enough to understand, I'll share my stories with you."

She leaned forward and whispered softly, as if revealing a great secret. "The most important thing in life, Erik, is to be curious. To look for magic in the world around you. When you're curious, it opens doors to new adventures."

Erik felt a wave of excitement run through his whole body. He knew that from now on, he would always listen closely to the small details in his grandmother's stories, and that he would look for his own adventures.

That night, Erik went to bed with his head full of images of magical creatures and hidden treasures. He had learned that even behind the most ordinary things, there could be great secrets – and that his own grandmother might just be the greatest secret of all.

Astrid og Det Vennlige Spøkelset

Astrid var redd for loftet. Hver gang hun gikk forbi loftstrappen, fikk hun en liten klump i magen. Hun hadde hørt rare lyder der oppe – lyder som klirring, knirking og til og med et svakt "Ooooo!" som fikk hårene til å reise seg på armene hennes. Moren og faren lo bare og sa at det sikkert var vinden, men Astrid visste bedre. Det bodde et spøkelse på loftet.

En kveld, da alle i huset hadde lagt seg, hørte Astrid lyden igjen. "Ooooo!" hørtes det svakt fra loftet. Hun bestemte seg for å finne ut av det en gang for alle. Hun tok en lommelykt og listet seg forsiktig opp trappen til loftet. Hjertet hamret, men hun tvang seg til å gå videre.

Da hun nådde toppen av trappen, lyste hun rundt med lommelykten. "H-hallo?" hvisket hun nervøst.

Plutselig, ut av skyggene, dukket det opp et lite, vennlig ansikt. Det var et spøkelse! Men i stedet for å se skummelt ut, smilte det sjenert og vinket forsiktig.

"Ikke vær redd," hvisket spøkelset med en mild stemme. "Jeg heter Georg, og jeg er bare litt... ensom."

Astrid stirret på Georg med store øyne, men hun merket at redselen begynte å forsvinne. Dette spøkelset så slett ikke farlig ut. Han var mer som en snill, hvit sky med store, runde øyne.

"Er du... ensom?" spurte Astrid forsiktig.

Georg nikket trist. "Alle tror jeg er skummel og løper unna når jeg prøver å si hei," sukket han. "Så jeg bor her oppe alene."

Astrid følte plutselig ikke redsel lenger, men en sterk lyst til å gjøre Georg glad. "Kanskje vi kan være venner?" foreslo hun.

Georgs øyne lyste opp. "Virkelig? Du vil være venn med meg?"

Fra den dagen ble Astrid og Georg bestevenner. Hver kveld etter at huset hadde stilnet, listet Astrid seg opp på loftet for å møte Georg. De fant på de morsomste ting sammen. En kveld lekte de gjemsel mellom de gamle kistene. En annen kveld fløy Georg rundt i rommet og prøvde å balansere gamle hatter på hodet sitt, noe som fikk Astrid til å le så hun nesten falt av stolen.

Astrid lærte fort at Georg ikke var skummel i det hele tatt. Han var faktisk morsom og søt – og veldig flink til å fortelle historier om gamle dager. Han fortalte henne om tiden han hadde vært en liten gutt som elsket å spille fiolin, og om alle de spennende menneskene som en gang hadde bodd i huset.

En kveld, da Astrid skulle gå tilbake til rommet sitt, klemte hun Georg og sa, "Du vet, jeg er ikke redd for loftet lenger. Du har vist meg at ting ikke alltid er like skumle når vi blir kjent med dem."

Georg smilte og nikket. "Takk, Astrid. Du har gjort livet mitt mye lysere."

Astrid gikk ned trappen med et stort smil om munnen. Hun følte seg modigere enn noen gang og gledet seg allerede til neste natt, da hun skulle opp til loftet for nye eventyr med sin venn, Georg – det vennlige spøkelset.

Astrid and the Friendly Ghost

A strid was afraid of the attic. Every time she passed by the attic stairs, she felt a little knot in her stomach. She had heard strange sounds up there – clinking, creaking, and even a faint "Ooooo!" that made the hairs on her arms stand up. Her parents just laughed and said it was probably the wind, but Astrid knew better. There was a ghost in the attic.

One evening, when everyone in the house had gone to bed, Astrid heard the sound again. "Ooooo!" it came faintly from the attic. She decided she was going to find out what was going on once and for all. She grabbed a flashlight and quietly crept up the stairs to the attic. Her heart was pounding, but she forced herself to keep going.

When she reached the top of the stairs, she shone the flashlight around. "H-hello?" she whispered nervously.

Suddenly, out of the shadows, a small, friendly face appeared. It was a ghost! But instead of looking scary, it smiled shyly and waved gently.

"Don't be afraid," the ghost whispered in a soft voice. "My name is Georg, and I'm just a little... lonely."

Astrid stared at Georg with wide eyes, but she noticed that her fear was starting to fade. This ghost didn't seem scary at all. He was more like a kind, white cloud with big, round eyes.

"Are you... lonely?" Astrid asked carefully.

Georg nodded sadly. "Everyone thinks I'm scary and runs away when I try to say hello," he sighed. "So, I live up here alone."

Astrid suddenly didn't feel scared anymore, but instead, a strong desire to make Georg happy. "Maybe we can be friends?" she suggested.

Georg's eyes lit up. "Really? You want to be friends with me?"

From that day on, Astrid and Georg became best friends. Every evening, after the house had quieted down, Astrid would sneak up to the attic to meet Georg. They came up with the funniest things to do together. One evening, they played hide and seek among the old trunks. Another evening, Georg flew around the room trying to balance old hats on his head, which made Astrid laugh so hard she almost fell off her chair.

Astrid quickly learned that Georg wasn't scary at all. He was actually funny and sweet – and really good at telling stories about the old days. He told her about the time he had been a little boy who loved to play the violin, and about all the fascinating people who had once lived in the house.

One evening, when Astrid was heading back to her room, she hugged Georg and said, "You know, I'm not scared of the attic anymore. You've shown me that things aren't always as scary once we get to know them."

Georg smiled and nodded. "Thank you, Astrid. You've made my life much brighter."

Astrid went down the stairs with a big smile on her face. She felt braver than ever and was already looking forward to the next night, when she would head up to the attic for new adventures with her friend, Georg – the friendly ghost.

Bjørnen som Bakte Brød

Det var en gang en bjørn som het Bjørn, og han elsket å bake. Men i skogen der han bodde, hadde ingen dyr noen gang smakt brød. Alle spiste bare bær, honning og nøtter, og tanken på brød var ukjent og rar.

En dag bestemte Bjørn seg for å åpne sitt eget bakeri. Han hengte opp et skilt utenfor hulen sin som sa: "Bjørnens Bakeri – Prøv mitt deilige brød!"

Første dag kom ekornet Ellinor innom. "Hva er det du baker, Bjørn?" spurte hun skeptisk og luktet forsiktig på deigen.

"Det er brød!" sa Bjørn stolt. "Prøv en bit - det er mykt og deilig."

Men da Ellinor tok en bit, rynket hun på nesen. "Æsj, dette smaker ikke som noe jeg har smakt før!" Hun løp ut og mumlet noe om rare smaker.

Bjørn ble ikke motløs. "Jeg må bare prøve på nytt," sa han til seg selv.

Neste dag bestemte han seg for å legge til litt honning i deigen for å gjøre brødet søtere. Denne gangen kom haren Håkon forbi.

"Hei, Bjørn! Hva er den deilige lukten?" spurte Håkon og snuste i luften.

"Det er honningbrød!" sa Bjørn stolt. "Jeg har tilsatt litt sødme – prøv en bit!"

Håkon tok en bit, men rynket snart nesen. "Det er for søtt!" sa han og hoppet avgårde uten et eneste smil.

Bjørn sukket, men ga ikke opp. "Jeg må bare prøve igjen," mumlet han bestemt.

Dag etter dag prøvde Bjørn nye oppskrifter. Han laget brød med nøtter for ekornene, brød med bær for revene, og til og med brød med gress for hjortene. Men det virket som om ingen ble fornøyd.

En morgen våknet Bjørn med en idé. "Kanskje hemmeligheten er å bruke litt av alt?" sa han til seg selv. Han blandet bær, nøtter, litt honning og et dryss gress i deigen. Han jobbet hardt hele dagen og fylte bakeriet sitt med den mest fantastiske duften.

Da kvelden kom, dukket alle dyrene i skogen opp, nysgjerrige på den nye duften. Bjørn kuttet opp brødet og delte det ut til alle.

Ekornet Ellinor tok en bit og smilte. "Mmm, dette er mye bedre!"

Haren Håkon nikket ivrig. "Det er akkurat passe søtt og saftig!"

Alle dyrene jublet og klappet for Bjørn, som endelig hadde laget et brød som alle likte.

Fra den dagen var Bjørnens Bakeri det mest populære stedet i skogen. Og Bjørn? Han lærte at hardt arbeid og utholdenhet kan føre til de beste resultatene – og at en liten smule av alt kan gjøre brødet perfekt!

The Bear Who Baked Bread

Once upon a time, there was a bear named Bjørn who loved to bake. But in the forest where he lived, no animals had ever tasted bread. They only ate berries, honey, and nuts, and the thought of bread was strange and unknown to them.

One day, Bjørn decided to open his own bakery. He hung a sign outside his cave that read: "Bjørn's Bakery – Try My Delicious Bread!"

On the first day, Ellinor the squirrel stopped by. "What are you baking, Bjørn?" she asked skeptically, sniffing the dough.

"It's bread!" Bjørn said proudly. "Try a piece – it's soft and delicious."

But when Ellinor took a bite, she wrinkled her nose. "Yuck, this tastes nothing like anything I've ever had!" She ran off, muttering something about strange flavors.

Bjørn wasn't discouraged. "I just need to try again," he told himself.

The next day, he decided to add some honey to the dough to make the bread sweeter. This time, Håkon the rabbit came by.

"Hey, Bjørn! What's that lovely smell?" Håkon asked, sniffing the air.

"It's honey bread!" Bjørn said proudly. "I've added a bit of sweetness – try a bite!"

Håkon took a bite, but soon wrinkled his nose. "It's too sweet!" he said, hopping away without a smile.

Bjørn sighed but didn't give up. "I just need to try again," he muttered determinedly.

Day after day, Bjørn tried new recipes. He made bread with nuts for the squirrels, bread with berries for the foxes, and even bread with grass for the deer. But it seemed like no one was happy.

One morning, Bjørn woke up with an idea. "Maybe the secret is to use a bit of everything?" he said to himself. He mixed berries, nuts, a little honey, and a sprinkle of grass into the dough. He worked hard all day, filling his bakery with the most wonderful smell.

By evening, all the animals in the forest showed up, curious about the new scent. Bjørn sliced the bread and shared it with everyone.

Ellinor the squirrel took a bite and smiled. "Mmm, this is much better!"

Håkon the rabbit nodded eagerly. "It's just the right amount of sweet and juicy!"

All the animals cheered and clapped for Bjørn, who had finally made a bread that everyone liked.

From that day on, Bjørn's Bakery became the most popular place in the forest. And Bjørn? He learned that hard work and perseverance can lead to the best results – and that a little bit of everything can make bread perfect!

Jenta som Snakket med Stjernene

Hver kveld, like før sengetid, satte Lila seg ved vinduet og så opp på stjernene. "Hva finnes der oppe?" hvisket hun. "Kan dere høre meg? Hva betyr det å drømme?"

Lila hadde mange spørsmål til stjernene, og selv om hun aldri fikk svar, likte hun å tenke på at de lyttet. Hun fortalte dem om dagen sin, om vennene sine, og om alle drømmene hun hadde for fremtiden. Hun ønsket å se hele verden, å fly over fjell og daler, og kanskje, en dag, møte stjernene ansikt til ansikt.

En natt da himmelen var klar og stjernene blinket ekstra sterkt, skjedde det noe magisk. Lila hørte en myk stemme hviske tilbake. "Lila," sa stemmen, "vi har hørt dine drømmer. I kveld skal vi vise deg noe spesielt."

Lila kjente et lysende, varmt skinn omslutte henne, og plutselig følte hun at hun svevde oppover, høyere og høyere, helt til hun var blant stjernene. Hun så ned på jorden, som lå under henne som et vakkert teppe av blått og grønt.

"Se, Lila," sa stjernene. "Herfra kan du se hvor stor og vakker verden er. Alle drømmene dine har plass til å vokse, akkurat som vi lyser for alle som ser opp på oss."

Lila smilte bredt. "Så... dere mener at drømmene mine kan bli virkelighet?"

"Ja," sa stjernene. "Men du må tro på dem, akkurat som vi tror på deg. Følg hjertet ditt, og ikke vær redd for å drømme stort."

Lila følte en glede hun aldri hadde kjent før. Sammen med stjernene fløy hun over fjell, svevde over skoger og kystlinjer, og hun så verden slik hun alltid hadde drømt om.

Da hun våknet neste morgen, lå hun tilbake i sengen sin, men hjertet hennes var fullt av nytt mot og håp. Fra den dagen sluttet hun aldri å snakke med stjernene. Hun visste at de alltid lyttet, og at de trodde på henne.

Og hver gang hun så opp mot nattehimmelen, husket hun reisen de hadde tatt henne med på – en reise som hadde lært henne at drømmer er verdt å følge, og at magi kan finnes i troen på dem.

The Girl Who Talked to the Stars

Every evening, just before bedtime, Lila would sit by the window and look up at the stars. "What's up there?" she whispered. "Can you hear me? What does it mean to dream?"

Lila had many questions for the stars, and even though she never got an answer, she liked to think that they were listening. She would tell them about her day, her friends, and all the dreams she had for the future. She wanted to see the whole world, fly over mountains and valleys, and maybe, one day, meet the stars face to face.

One night, when the sky was clear and the stars twinkled extra brightly, something magical happened. Lila heard a soft voice whisper back. "Lila," said the voice, "we have heard your dreams. Tonight, we will show you something special."

Lila felt a warm, glowing light surround her, and suddenly, she felt herself rising up, higher and higher, until she was among the stars. She looked down at the earth, which lay below her like a beautiful blanket of blue and green.

"Look, Lila," said the stars. "From here, you can see how vast and beautiful the world is. All your dreams have room to grow, just as we shine for everyone who looks up at us."

Lila smiled widely. "So... you mean my dreams can come true?"

"Yes," said the stars. "But you must believe in them, just as we believe in you. Follow your heart, and never be afraid to dream big."

Lila felt a joy she had never known before. Together with the stars, she flew over mountains, glided over forests and coastlines, and saw the world in the way she had always dreamed of.

When she woke up the next morning, she was back in her bed, but her heart was filled with new courage and hope. From that day on, she never stopped talking to the stars. She knew they were always listening, and that they believed in her.

And every time she looked up at the night sky, she remembered the journey they had taken her on – a journey that had taught her that dreams are worth following, and that magic can be found in believing in them.

Gåten om Elvetrollet

Det var en gang en liten gjeng med gode venner – Ingrid, Petter, Lotte og Magnus – som elsket å utforske skogen og elven som rant gjennom den. En dag fikk de høre et rykte om et mystisk troll som bodde ved elven. Dette trollet, som ble kalt Elvetrollet, etterlot visstnok gåtefulle meldinger langs bredden.

"Et troll som etterlater gåter? Det må vi finne ut av!" sa Ingrid med spenning i blikket.

"Ja, kanskje vi finner en skjult skatt!" ropte Petter, som alltid drømte om eventyr.

Neste morgen møttes vennene ved elven, klare for å løse mysteriet. Det tok ikke lang tid før de fant noe rart ved vannkanten – en stor stein med en setning risset inn:

"Jeg er sterk nok til å bære deg, men lett nok til å fly, hva er jeg?"

Vennene så på hverandre og grublet. "Hva kan det bety?" spurte Lotte og rynket pannen.

"Det må være et slags hint," sa Magnus. "Hva er sterkt nok til å bære oss, men lett nok til å fly?"

"Vind!" utbrøt Ingrid plutselig. "Vind kan bære deg hvis du flyr, men den kan også blåse som en fjær."

De andre nikket ivrig. "Det må være riktig!" sa Petter.

Som ved magi dukket det opp en ny stein litt lenger ned langs elven, og på den var det risset inn enda en gåte:

"Jo mer du tar av meg, jo større blir jeg. Hva er jeg?"

Denne gangen klødde vennene seg i hodet enda mer. "Større jo mer vi tar?" undret Lotte.

"En grop!" sa Magnus etter en stund. "Jo mer vi graver, jo større blir gropen."

Alle jublet og klappet for Magnus' oppdagelse. Med stor iver fortsatte de videre ned langs elven, hvor nye gåter ventet på dem. For hver gåte de løste, ble de bedre på å samarbeide og høre på hverandres ideer. De lo, diskuterte, og heiet på hverandre hele veien.

Til slutt, etter mange gåter, kom de til en stor stein midt i elven, og der lå den siste meldingen:

"Den største skatten ligger ikke skjult i bakken, men i hjertene til de som deler gleden av å leke og finne veien sammen."

Vennene så på hverandre og smilte bredt. De hadde kanskje ikke funnet gull eller juveler, men de hadde funnet noe enda bedre – minner om eventyr, vennskap og glede.

På vei hjem lo de og snakket om alle de morsomme stundene, og de visste at Elvetrollet hadde gitt dem en skatt likevel.

The Riddle of the River Troll

Once upon a time, there was a small group of good friends – Ingrid, Petter, Lotte, and Magnus – who loved exploring the forest and the river that flowed through it. One day, they heard a rumor about a mysterious troll that lived by the river. This troll, known as the River Troll, supposedly left cryptic messages along the riverbank.

"A troll that leaves riddles? We have to figure this out!" said Ingrid, her eyes sparkling with excitement.

"Yes, maybe we'll find a hidden treasure!" shouted Petter, who always dreamed of adventure.

The next morning, the friends met by the river, ready to solve the mystery. It didn't take long before they found something strange at the water's edge – a large stone with a sentence carved into it:

"I am strong enough to carry you, but light enough to fly, what am I?"

The friends looked at each other, pondering. "What could that mean?" asked Lotte, furrowing her brow.

"It must be some kind of clue," said Magnus. "What is strong enough to carry us but light enough to fly?"

"Wind!" Ingrid suddenly exclaimed. "The wind can carry you if you fly, but it can also blow like a feather."

The others nodded eagerly. "That must be it!" said Petter.

As if by magic, a new stone appeared a little further down the river, and on it was another riddle carved in:

"The more you take from me, the bigger I become. What am I?"

This time, the friends scratched their heads even more. "Bigger the more we take?" wondered Lotte.

"A hole!" said Magnus after a while. "The more you dig, the bigger the hole becomes."

Everyone cheered and clapped for Magnus' discovery. With great enthusiasm, they continued along the river, where new riddles awaited them. With each riddle they solved, they got better at working together and listening to each other's ideas. They laughed, discussed, and cheered each other on all the way.

Finally, after many riddles, they came to a large stone in the middle of the river, and there was the last message:

"The greatest treasure is not hidden in the ground, but in the hearts of those who share the joy of playing and finding the way together."

The friends looked at each other and smiled widely. They may not have found gold or jewels, but they had found something even better – memories of adventure, friendship, and joy.

On their way home, they laughed and talked about all the fun moments, knowing that the River Troll had given them a treasure after all.

Måneskinnsmaleren

I en liten landsby, langt fra byens støy og lys, bodde en ung gutt ved navn Emil. Emil var en stille og beskjeden gutt, og han hadde en helt spesiell gave som ingen andre visste om. Om natten, når månen var full og himmelen klar, kunne Emil male med måneskinn.

Hver kveld satt han ved vinduet og så på månen som lyste ned på jorden. Med penselen i hånden, strøk han lett over papiret, og med et magisk dryss fra måneskinnet, begynte bildene å våkne til liv. Emil malte vakre landskap med grønne skoger og blå innsjøer, ville dyr som sprang gjennom enger og stjernespekkede himler. Og når natten kom, fikk maleriene hans liv – men bare i noen timer før de forsvant igjen med solens første stråler.

Men Emil var redd. Han var redd for at folk ikke ville forstå hans magiske evne. Hvem ville tro på at han kunne male med måneskinn? Hva hvis de lo av ham eller ikke forsto det han gjorde?

Så han holdt kunsten sin hemmelig. Hver natt malte han i stillhet, og maleriene ble hans hemmelige verden.

En kveld, da mørket senket seg over landsbyen og en storm raste i vinden, skjedde noe uventet. Et voldsomt tordenvær slo ut strømmen, og hele landsbyen ble mørklagt. Folk var redde, og mange satt i sine hus, uten lys, uten varme, og uten håp om at stormen snart ville gi slipp.

Emil visste at han kunne gjøre noe. Han tok penselen, gikk ut i den mørke hagen, og begynte å male under månen. Før han visste ordet av det, hadde han malt en stor, lysende scene med et vennlig hjort, et koselig hus omgitt av varme lys og en innsjø som speilet stjernene.

Maleriene hans begynte å lyse opp nattens mørke, og i det stille ble folk ute på gatene trukket mot lyset. De begynte å se de magiske bildene som Emil hadde malt, og sakte, men sikkert, fant de trøst i de vakre, levende scenene. Dyrene Emil malte kom til liv i det de gikk rundt i hagen hans, og folk kunne til og med høre de stille, beroligende lydene fra innsjøen og vinden i trærne.

"Se!" utbrøt en av naboene. "Det er som om natten har blitt levende!"

Emil smilte forsiktig. Han hadde aldri trodd at bildene hans kunne gjøre så stor forskjell. Han malte videre, og folk samlet seg rundt, undrende og glade, til den magiske verdenen Emil hadde skapt for dem.

Da morgenen kom, forsvant bildene, og stormen stilnet. Strømmen kom tilbake, og landsbyen vendte tilbake til sitt vanlige liv. Men folk snakket om Emil og hans fantastiske bilder, og de visste nå at han hadde en gave som kunne lyse opp deres verden.

Fra den dagen delte Emil sin kunst med andre. Han lærte at det å dele det man elsker med andre, ikke bare gjør verden vakrere, men også gir deg glede og vennskap. Og han forstod at kreativitet ikke bare var noe man holdt for seg selv, men noe som kunne bringe lys, håp og magi til alle rundt seg.

The Moonlight Painter

In a small village, far from the noise and lights of the city, lived a young boy named Emil. Emil was a quiet and humble boy, and he had a very special gift that no one knew about. At night, when the moon was full and the sky was clear, Emil could paint with moonlight.

Every evening, he sat by the window and watched the moonlight shine down on the earth. With a brush in his hand, he gently stroked the paper, and with a magical sprinkle of moonlight, the pictures began to come to life. Emil painted beautiful landscapes with green forests and blue lakes, wild animals running through meadows, and starry skies. And when night came, his paintings came to life – but only for a few hours before they disappeared again with the first rays of the sun.

But Emil was afraid. He was afraid that people wouldn't understand his magical ability. Who would believe that he could paint with moonlight? What if they laughed at him or didn't understand what he was doing?

So, he kept his art a secret. Every night, he painted in silence, and the paintings became his secret world.

One evening, as the darkness settled over the village and a storm raged in the wind, something unexpected happened. A violent thunderstorm knocked out the power, and the entire village was plunged into darkness. People were scared, and many sat in their houses, without light, without warmth, and with no hope that the storm would soon pass.

Emil knew he could do something. He took his brush, stepped out into the dark garden, and began to paint under the moon. Before he knew it, he had painted a large, glowing scene with a friendly deer, a cozy house surrounded by warm lights, and a lake reflecting the stars.

His paintings began to light up the dark night, and quietly, people out on the streets were drawn to the light. They started to see the magical pictures Emil had painted, and slowly, but surely, they found comfort in the beautiful, living scenes. The animals Emil painted came to life as they walked around in his garden, and people could even hear the gentle, soothing sounds of the lake and the wind in the trees.

"Look!" exclaimed one of the neighbors. "It's as if the night has come to life!"

Emil smiled softly. He had never thought his paintings could make such a difference. He continued to paint, and people gathered around, amazed and happy, at the magical world Emil had created for them.

When morning came, the paintings disappeared, and the storm calmed. The power returned, and the village went back to its normal life. But people talked about Emil and his amazing pictures, and they now knew that he had a gift that could light up their world.

From that day on, Emil shared his art with others. He learned that sharing what you love with others not only makes the world more beautiful, but also brings you joy and friendship. And he understood that creativity wasn't something to keep to yourself, but something that could bring light, hope, and magic to everyone around you.

Det Modige Lille Ekornet

I en stor skog bodde det et lite ekorn som het Niko. Niko var ikke som de andre ekornene. De var raske til å klatre i trærne og samle mat, men Niko var redd for høyder. Når alle de andre ekornene hoppet fra gren til gren, sto Niko bare på bakken og så på. Han var redd for å falle.

En høstdag, da vinden begynte å blåse kraftig og regnet styrtet ned, kom Niko's beste venn, Lise, løpende til ham. "Niko, vi trenger deg!" ropte hun. "Stormen er på vei, og våre eikenøtt-lager er i fare for å bli vasket bort i elven! Vi trenger at noen klatrer til det høyeste treet for å sikre matlageret før stormen kommer!"

Niko rynket pannen. Han visste at han måtte klatre opp i treet, men tanken på å være så høyt oppe fylte ham med frykt. Hva om han mistet fotfestet? Hva om han falt?

Lise så på ham med et oppmuntrende smil. "Niko, du er den eneste som kan gjøre dette. Jeg vet at du kan!"

Med hjertet som banket raskt i brystet, tok Niko et dypt pust. Han hadde aldri klatret så høyt før, men han visste at han måtte prøve. "Jeg kan gjøre dette," tenkte han. "Jeg skal være modig."

Niko begynte å klatre. Hver gren føltes skumlere enn den forrige, men han tvang seg til å gå videre. Han så ned en gang, men lukket raskt øynene igjen. "Jeg kan gjøre dette," hvisket han til seg selv.

Høyere og høyere klatret han, og snart var han oppe ved det høyeste treet i hele skogen. Med svette hender og risting i beina, festet han eikenøttene forsiktig på grenene så de ikke skulle bli blåst bort.

Da stormen raste som verst, kunne Niko se ned på vennene sine som satt trygt under treet. De vinket til ham med store smil, og Niko følte seg plutselig veldig stolt. Han hadde gjort det! Han hadde klatret det høyeste treet og reddet matlageret til alle i skogen.

Da stormen roet seg, og solen begynte å skinne igjen, gikk Niko ned fra treet med et smil. "Jeg er modig," sa han til seg selv. "Selv små ekorn kan gjøre store ting."

Niko lærte den dagen at mot ikke handler om å ikke være redd – det handler om å møte frykten og gjøre det man må, selv om det er skummelt. Og fra den dagen av klatret Niko gjerne i trærne, og han visste at han kunne gjøre hva som helst hvis han bare var modig nok til å prøve.

The Brave Little Squirrel

In a large forest, there lived a little squirrel named Niko. Niko was different from the other squirrels. They were quick at climbing trees and gathering food, but Niko was afraid of heights. While the other squirrels jumped from branch to branch, Niko stood on the ground and watched. He was afraid of falling.

One autumn day, when the wind began to blow fiercely and rain poured down, Niko's best friend, Lise, ran up to him. "Niko, we need you!" she cried. "A storm is coming, and our acorn stores are at risk of being washed away in the river! We need someone to climb the tallest tree to secure the food before the storm hits!"

Niko furrowed his brow. He knew he had to climb the tree, but the thought of being so high up filled him with fear. What if he lost his footing? What if he fell?

Lise looked at him with an encouraging smile. "Niko, you're the only one who can do this. I know you can!"

With his heart pounding in his chest, Niko took a deep breath. He had never climbed that high before, but he knew he had to try. "I can do this," he thought. "I will be brave."

Niko began to climb. Each branch felt scarier than the last, but he forced himself to keep going. He looked down once but quickly closed his eyes again. "I can do this," he whispered to himself.

Higher and higher he climbed, and soon he reached the tallest tree in the whole forest. With sweaty hands and trembling legs, he carefully secured the acorns on the branches so they wouldn't be blown away.

When the storm raged its hardest, Niko could see his friends safely sitting under the tree. They waved at him with big smiles, and Niko suddenly felt very proud. He had done it! He had climbed the tallest tree and saved the food stores for everyone in the forest.

When the storm calmed, and the sun began to shine again, Niko climbed down from the tree with a smile. "I am brave," he said to himself. "Even little squirrels can do big things."

That day, Niko learned that courage isn't about not being scared – it's about facing your fears and doing what you have to do, even when it's scary. And from that day on, Niko happily climbed trees, knowing he could do anything if he was brave enough to try.

Det Snakkende Treet

Lily var en nysgjerrig jente som elsket å utforske skogen bak huset sitt. Hun pleide å gå lange turer alene, lytte til fuglene som sang, og finne små hemmeligheter som naturen hadde skjult for henne. En dag, mens hun vandret dypere inn i skogen enn hun noen gang hadde vært, kom hun over et veldig gammelt tre. Det var stort og majestetisk, med krøllete greiner som strakte seg høyt mot himmelen. Men det som var merkelig, var at treet så ut til å ha et ansikt. Øynene var mørke og vennlige, og barken rundt dem hadde et mønster som så ut som et smil.

Lily ble stående og stirre. "Er du... et magisk tre?" spurte hun forsiktig.

Plutselig, til Lily's store forbauselse, hørte hun en lav, vennlig stemme. "Ja, kjære jente, det er jeg," svarte treet. "Jeg er et gammelt tre som har levd lenge, og jeg har sett mye."

Lily spurte forsiktig, "Hvordan kan du snakke?"

Treet ristet på de store grenene sine som om det lo. "Skogen har mange hemmeligheter, og jeg har lært å lytte til dem. Jeg kan høre vinden hviske og elven synge sine sanger. Alt i naturen har en historie å dele, hvis man bare tar seg tid til å lytte."

Lily følte en rar følelse av undring. Hun satte seg ned på bakken og begynte å snakke med treet. Det delte historier om hvordan skogen hadde vokst gjennom årene, om dyrene som bodde der, og om hvordan hvert blad og hver stein hadde sin egen historie.

Lily lærte at naturen var et levende bibliotek, og at man bare måtte åpne hjertet sitt for å forstå den.

En kveld da Lily var tilbake i landsbyen, merket hun at elven som pleide å renne klart og raskt, plutselig begynte å tørke opp. Landsbyboerne visste ikke hva som var galt, og de var bekymret. "Hvorfor tørker elven?" spurte de hverandre. "Er det et problem med kilden?"

Lily husket de kloke ordene fra treet. Hun visste at hun måtte gå tilbake til skogen for å finne svar. Så, en tidlig morgen, gikk hun til det gamle treet og spurte: "Hva kan jeg gjøre for å hjelpe elven?"

Treet svarte langsomt, "Alt i naturen er sammenkoblet, lille venn. Når trærne mister sine blader, får elven mindre vann. Når dyrene er sultne, kan de spise for mye av plantene som beskytter elven. Du må hjelpe oss alle med å finne balansen igjen."

Lily visste hva hun måtte gjøre. Hun løp tilbake til landsbyen og fortalte folk at de måtte plante flere trær og ta bedre vare på naturen rundt elven. Hun forklarte hvordan hver skapning i skogen, stor eller liten, hadde en rolle i å opprettholde balansen i naturen.

Landsbyboerne hørte på Lily, og sammen begynte de å plante nye trær langs elven og passe på at de ikke skadet miljøet. Etter hvert som tid gikk, begynte elven å renne fritt igjen, og vannet ble klart og friskt.

Lily visste at hun hadde lært noe veldig viktig: Når man lytter til naturen og de som bor der, kan man forstå hva som virkelig betyr noe, og hvordan vi alle henger sammen. Det gamle treet hadde lært henne å være tålmodig og forståelsefull, og hun hadde funnet kraften i empati og samarbeid.

Så hver gang Lily besøkte det magiske treet, husket hun at det ikke bare er viktig å høre, men også å forstå hva man hører. Det er slik vi finner løsningene på livets mysterier.

The Talking Tree

Lily was a curious girl who loved exploring the forest behind her house. She often took long walks alone, listening to the birds singing, and finding little secrets that nature had hidden away for her. One day, as she wandered deeper into the forest than she had ever been before, she came across a very old tree. It was large and majestic, with twisted branches reaching high into the sky. But what was strange was that the tree seemed to have a face. Its eyes were dark and kind, and the bark around them formed a pattern that looked like a smile.

Lily stopped and stared. "Are you... a magical tree?" she asked cautiously.

Suddenly, to Lily's great surprise, she heard a soft, friendly voice. "Yes, dear girl, I am," the tree answered. "I am an old tree that has lived for many years, and I have seen much."

Lily asked carefully, "How can you talk?"

The tree shook its large branches as if laughing. "The forest holds many secrets, and I have learned to listen to them. I can hear the wind whispering and the river singing its songs. Everything in nature has a story to tell, if you only take the time to listen."

Lily felt a strange sense of wonder. She sat down on the ground and began talking with the tree. It shared stories about how the forest had grown over the years, about the animals that lived there, and how every leaf and every stone had its own tale. Lily learned that nature was a living library, and that one only needed to open their heart to understand it.

One evening, when Lily returned to the village, she noticed that the river, which used to flow clear and fast, had suddenly started to dry up. The villagers didn't know what was wrong, and they were worried. "Why is the river drying up?" they asked each other. "Is there a problem with the spring?"

Lily remembered the wise words of the tree. She knew she had to return to the forest to find an answer. So, one early morning, she went to the old tree and asked, "What can I do to help the river?"

The tree answered slowly, "Everything in nature is connected, little friend. When the trees lose their leaves, the river gets less water. When the animals are hungry, they may eat too many of the plants that protect the river. You must help us all find balance again."

Lily knew what she had to do. She ran back to the village and told the people they needed to plant more trees and take better care of the nature around the river. She explained how every creature in the forest, big or small, had a role to play in maintaining the balance of nature.

The villagers listened to Lily, and together they began planting new trees along the river and making sure they didn't harm the environment. Over time, the river started flowing freely again, and the water became clear and fresh.

Lily knew she had learned something very important: When you listen to nature and those who live in it, you can understand what truly matters and how we are all connected. The old tree had taught her to be patient and understanding, and she had found the power of empathy and cooperation.

So, every time Lily visited the magical tree, she remembered that it's not just important to hear, but also to understand what you hear. That's how we find the solutions to life's mysteries.